NOTICE sur l'*Intensité de la Fécondité en Europe,* *au commencement du dix-neuvième siècle ;*

Par M. BENOISTON DE CHATEAUNEUF.

(Lue à l'Académie des Sciences le 23 octobre 1826.)

(Extrait des Annales des Sciences nat., décembre 1826.)

On a publié ~~il y a quelque temps~~, dans un recueil estimé, le *Bulletin universel des Sciences* (cahier de janvier 1826), un tableau très-bien fait du mouvement de la population de la France, sur une moyenne de cinq années.

En l'étudiant avec quelque soin, et surtout en substituant la division par provinces à l'ordre alphabétique des départemens qui peut être utile à l'administration, mais que la science repousse, parce qu'il sépare sans cesse ce qui est réuni dans l'ordre naturel, ce tableau donne lieu à des rapprochemens qui peuvent n'être pas sans ~~quelque~~ intérêt.

Dans une Note communiquée dernièrement à l'Académie, j'ai établi que le terme commun des naissances était aujourd'hui d'un sur 30 individus, celui des décès d'un sur 40, et celui des mariages d'un sur 123.

On sent bien que ce n'est là qu'un rapport très-général donné par le mouvement de population des principaux états de l'Europe, et qu'on peut l'élever ou l'abaisser selon qu'on y ajoutera de nouveaux élémens ou qu'on en retranchera.

Les naissances, ainsi que les décès, ne suivent point

une loi qui soit commune à tous les pays ; il s'en faut de beaucoup qu'un même nombre d'unions donne partout un même nombre d'enfans. La proportion en varie de peuple à peuple, de canton à canton, de ville à ville.

On a dit qu'en avançant du nord au midi, la fécondité devenait plus grande ; que les climats chauds portaient davantage à l'amour ; que le germe de la vie, resserré par le froid des pôles, se développait avec une extrême énergie sous l'influence d'un soleil ardent.

On a dit aussi tout le contraire, et qu'un froid modéré paraissait être une des conditions les plus favorables à la reproduction de l'espèce humaine.

On a dit encore que l'union des sexes n'était nulle part plus féconde que dans les pays de côtes, chez les pêcheurs ; après les pays maritimes on plaçait les pays de vignobles, puis les pays de pâture : ceux de landes et de forêts viennent ensuite.

Il convient d'examiner jusqu'à quel point ces assertions sont vraies.

Si l'on partage l'Europe en deux climats uniques, dont l'un commençant au Portugal et finissant aux Pays-Bas, s'étendrait ainsi du 40° degré au 50°, et représenterait le midi, tandis que l'autre, allant de Bruxelles à Stockholm, ou du 50° au 67° degré, représenterait le nord, on trouvera que, dans le premier, cent mariages donnent 45,70 naissances (1), et que dans le second,

---

(1) $\dfrac{1,878,270 \text{ n.}}{410,695 \text{ m.}} = 4.57.$

Les pays qui fournissent ces nombres, sont le Portugal, le royaume de Naples, le gouvernement de Venise, la province de Bragance, la

le même nombre d'unions n'en produit que 43,00 (1).

La différence devient encore plus grande, si l'on compare seulement entre elles les deux températures extrêmes. En Portugal, il naît 5.10 enfans par mariage (2) ; en Suède, 3.62 seulement (3).

Enfin, sans sortir de la France, on peut trouver de nouvelles preuves de cette observation. « La fécondité, » dit Moheau, augmente en France du nord au midi. Là » le terme moyen annuel des naissances est de 5,03 par » mariage, et dans les provinces du nord, il n'est que » de 4.64 (4). »

Ce qui était vrai pour nous, il y a cinquante ans, l'est encore aujourd'hui. La moyenne des naissances, prise sur cinq ans (1821 - 25), est de 4.34 par mariage dans nos provinces du midi (le Dauphiné, le Languedoc, la Provence), et dans la Flandre et la Picardie, elle n'est que de 4.00 (5).

---

principauté d'Oneille, le comté de Nice, la Savoie, une partie de la Suisse, la France.

(1) $\dfrac{12{,}781{,}090 \text{ n.}}{2{,}969{,}029 \text{ m.}} = 4.30.$

Les pays qui donnent ces nombres, sont la Hollande, l'Angleterre, la Prusse, le royaume de Hanovre, la Bohême, la Moravie et la Silésie autrichienne, la Suède, la Norwège, l'évêché d'Aggerhaus, la Russie.

(2) BALBI, *Statistique du Portugal*, tom. 1er.

(3) *Id.*, Tableau de population.

(4) *Recherches sur la Population de la France*, p. 139 et suiv.

(5) Les 15 départemens qui représentent ces provinces donnent, pour ce nombre d'années, 653,542 naissances (enfans naturels déduits), et 150,552 mariages.

Les 3 départemens qui représentent ces provinces donnent 305,871 naissances, et 76,463 mariages.

Ces faits suffisent pour ne point accuser d'inexactitude les écrivains qui ont avancé les premiers que la fécondité était plus grande dans les pays chauds que dans les pays froids : ils ont eu raison.

Mais si l'on pousse plus loin les recherches, si en les étendant à beaucoup de pays on les généralise davantage, alors les différences de climat, de température, de position s'effacent, leur influence cesse de se faire sentir, et la nature suit d'autres lois.

S'il naît en Portugal 5.10 enfans par mariage, la Bohême en donne 5.20, et la Moscovie 5.25; la Moravie et la Silésie 4.81; la Hollande 4.20; la France 4.21; l'Angleterre 3.50, et la Suède, à l'autre extrémité du continent; 3.62.

La mesure de la fécondité n'est donc pas toujours celle de la température, du climat, etc.? Il y a donc des conditions plus indispensables encore à son activité?

On sait que quatre naissances par mariage sont un terme moyen très-haut pour les climats les plus sains de l'Europe; cependant il existe des pays où la proportion est encore plus élevée. En France, par exemple, il y a un demi-siècle, elle était de 5.10 pour l'île de Ré, où l'on comptait alors 4,200 habitans par lieue carrée. C'était le terme le plus fort de la population française; l'île d'Oléron venait ensuite (1).

Ce rapport, déjà très-fort pour la France, l'est également pour le reste de l'Europe. On peut même le regarder comme l'expression de la fécondité la plus heureuse, et nul doute que là où il existe, les circonstances

____

(1) MOHEAU, p. 67.

les plus favorables ne le déterminent et l'entretiennent.

Si donc nous parvenons à rassembler beaucoup de pays où on le retrouve, il est probable que cette réunion fera tout-à-coup ressortir les causes qui agissent le plus efficacement sur la reproduction de l'espèce humaine.

Ce tableau donnera d'ailleurs de l'intérêt à ces recherches et de nouvelles preuves à notre opinion.

Le voici :

Il naît, année commune, par mariage :

En Portugal, 5.14 enfans.

Dans la province de Bergame, 5.24.

Dans le gouvernement de Venise, 5.45.

Dans la Savoie, 5.65.

Dans le Roussillon (Pyrénées-Orientales), 5.17.

Dans une partie du Dauphiné (Basses-Alpes), 5.39.

Dans une partie du Lyonnais (la Loire), 5.68.

Dans une partie de l'Anjou (Mayenne), 5.09.

Dans une partie du Poitou (Vendée), 5.46.

Dans une partie de la Bretagne (Morbihan), 5.52.

Dans une partie de la Franche-Comté (Jura), 5.01.

Dans une partie de l'Alsace (Bas-Rhin), 5.03.

Dans le canton de Fribourg, 5.35.

Dans une partie de l'Écosse, 5.13.

Dans la Bohême, 5.27.

Dans la Moscovie, 5.25.

Dans les deux Flandres, orientale et occidentale (Belgique), 5.27.

Ici, le Nord, le midi, les pays de côtes, ceux de plaine, de pâturage, tout est confondu, et l'intensité de la fécondité se soutient partout. Elle varie de quelque chose, sans doute, parce qu'il est impossible qu'elle soit partout exactement la même ; mais partout elle atteint un degré très-élevé : partout, quels que soient les lieux, les climats, les expositions, elle se montre très-forte.

Quelle est donc cette cause commune qui agit du nord au midi, dans l'intérieur des terres, comme sur les bords de la mer ? Quel est cet excitateur commun de la reproduction de l'espèce humaine ?

Ce qui frappe d'abord, en examinant ce tableau avec quelque attention, c'est que de dix-sept pays qu'il renferme, il y en a huit de montagnes (la Bretagne, la Franche-Comté, le Roussillon, le comté de Nice, la Savoie, le canton de Fribourg, la Bohême, le Bergamasque), et nous ne doutons pas qu'il n'y en eût encore davantage si nous possédions plus de renseignemens. Nous reviendrons sur cette observation : il en est une autre plus importante à faire.

Ces pays, si différens entre eux de climat, de température, de site, de mœurs, d'habitudes, se ressemblent cependant en un point. En général, ce sont tous de bons pays, et nous entendons par ce mot les pays seulement où la terre produit suffisamment pour les besoins de l'homme, où dès-lors il trouve une existence facile, provenant d'une nourriture assurée.

Prenons pour exemple la Savoie, dont les habitans nous paraissent si pauvres. Ceux que nous voyons parmi nous le sont beaucoup en effet ; mais quand ce Savoyard, qui n'avait rien, retourne dans son pays, il a gagné de quoi y vivre : ce n'est qu'à cette condition qu'on peut habiter ses montagnes. Qui y demeure possède quelque chose ; qui n'a rien est obligé d'en sortir. Aussi sans être riches, et beaucoup le sont, les habitans de la Savoie ont tous une propriété quelconque : ils ont tous une existence assurée.

Il en est de même de la Suisse, de la Galice, de l'Auvergne. L'émigration annuelle de ceux qui en sortent assure la subsistance de ceux qui restent ; et sur une terre qui, sans être féconde, est loin d'être stérile, il y a toujours de quoi vivre quand il n'y a pas trop d'habitans.

Déjà depuis long-temps les écrivains qui s'occupaient de la population de la France, avaient remarqué que la Normandie, la Bretagne, la Franche-Comté, le Roussillon, le Dauphiné, le Poitou, l'Auvergne et quelques autres provinces encore, étaient celles qui, relativement aux autres, donnaient le plus de naissances, et l'on sait que ces provinces sont les meilleures de la France. Ces anciennes observations confirment les nôtres : celles-ci à leur tour, faites au milieu de nous et sous nos yeux, donnent plus de confiance aux faits que nous établissons ici, d'après des populations étrangères dont nous sommes toujours moins sûrs.

C'est donc avec raison que Franklin disait que rien n'invite plus à se marier que l'assurance d'une subsistance aisée (1) ; que Montesquieu écrivait que là où deux personnes peuvent vivre commodément, il se fait un mariage, parce que la nature y porte toujours assez quand elle n'est pas arrêtée par la difficulté des subsistances (2).

---

(1) Discours sur la population, inséré dans ses Œuvres.
(2) *Esprit des Lois*, liv. 23, ch. x.

On observe encore que les peuples pauvres, mais libres, se marient davantage que les autres ; cela doit être : la liberté garantit la propriété, et quand on possède, on vit plus long-temps et l'on produit davantage. Dans les pays de petite culture, on compte un vieillard sur 28; et un seulement sur 32 dans les pays de grandes fermes.

Voilà encore pourquoi la fécondité se montre si active au sein des montagnes. Outre l'air pur que l'on respire sur leurs sommets élevés, on y éprouve un sentiment d'indépendance et de bonheur qui fait aimer la vie et porte à la donner.

D'après ce que nous avons dit entendre par bons pays, on s'étonnera peut-être de voir figurer dans ce tableau la Moscovie, et de ne pas y trouver la Hollande.

Mais ce serait une erreur de croire qu'il en est des serfs de la Russie comme des esclaves de l'Amérique, et que le propriétaire de dix mille paysans les traite comme le maître d'une habitation traite ses nègres. Dans beaucoup de provinces de la Russie, l'esclavage est très-doux. Les serfs y sont bien vêtus, bien nourris, bien logés ; aucune main barbare ne les accable de mauvais traitemens ; une cruelle avarice ne leur enlève point le fruit de leurs épargnes, et quand elles sont suffisantes pour les faire exister commodément, la liberté devient presque toujours la récompense d'une sage économie. Avec un tel esclavage et une terre susceptible de produire, la vie peut être heureuse et les mariages féconds (1).

____

(1) Le peuple russe ne connaît pas le bonheur moral, mais il jouit d'une sorte de bonheur matériel ; car les serfs, certains d'être toujours

Quant à la Hollande , pays où l'agriculture , l'industrie , le commerce , fleurissent également , où les produits sont abondans , le peuple aisé , les institutions libérales , et où cependant , d'après les renseignemens que nous devons à l'extrême obligeance de MM. Quetelet et Smits , secrétaires de la commission de statistique du royaume des Pays-Bas , la fécondité ne s'élève pas à plus de 4.5o , tandis qu'elle est de 5.27 dans la Belgique , nous avouerons qu'il est difficile de donner, de cette différence entre deux pays riches et gouvernés par les mêmes lois , une explication satisfaisante.

Toutefois , en se laissant aller aux simples inductions qui naissent des apparences , on doit reconnaître que le climat particulier à la Hollande triomphe ici des précautions prises par ses habitans pour se préserver de sa dangereuse influence ; que malgré tous leurs efforts , ils ne peuvent empêcher que l'atmosphère brumeuse , humide , dans laquelle ils sont constamment plongés , ne développe chez eux une prédominance très-marquée du système lymphatique sur tous les autres ; n'entretienne un état de langueur et d'obésité qui enlève aux organes une partie de leur énergie , affaiblit le corps , en énerve la vigueur. Ces conditions remarquables de température et de localité n'existent point au même degré dans les deux Flandres , orientale et occidentale , où un air moins

---

logés , nourris , chauffés , par le produit de leur travail ou par leurs seigneurs , et étant à l'abri de tout besoin , n'éprouvent jamais le tourment de la misère ou l'effroi d'y tomber. Les seigneurs ont sur eux une autorité de droit sans limites ; mais presque tous usent de ce pouvoir avec une extrême modération. (*Mémoires de M. de Ségur*, tom II , p. 233 ; 1826.)

humide , un terrain plus sec , une agriculture plus riche, donnent aux individus une constitution plus forte.

Nous ne prétendons point que cette raison soit la seule , ni même la meilleure que l'on puisse apporter de la différence de fécondité observée dans la Belgique et la Hollande , mais nous croyons qu'elle ne choque ni le bon sens ni les faits.

Il en est d'autres que nous avons à examiner.

On a déjà vu que l'on attribue à la classe des pêcheurs le privilége d'une rare fécondité dans leurs mariages , privilége dont jusqu'ici on s'est plu à attribuer la cause au phosphore contenu dans les poissons dont ils se nourrissent. Il est permis de croire que l'on a donné de ce fait une explication hasardée. Sans nier l'influence d'une nourriture fortement salée , et qui contient en effet beaucoup de phosphore , un médecin instruit , M. le docteur Virey (1) , pense que la pêche fournit à ceux qui s'y livrent , une quantité de poisson telle qu'elle remplace pour eux le pain et d'autres végétaux , d'où il s'ensuit une abondante alimentation , et que c'est là surtout la cause de cette grande fécondité que l'on observe chez les habitans des côtes de la mer.

S'il fallait choisir entre ces deux opinions , nous n'hésiterions pas à nous décider pour la dernière ; mais est-il sûr que le fait lui-même , dit , imprimé , répété partout, soit exact ?

Nous avons relevé avec soin, sur le tableau de MM. Villot et Villermé , les départemens de la France que baignent l'Océan et la Méditerranée , en ayant soin toute-

---

(1) *Dict. des Sc. méd.* , art. Fécondité.

fois d'écarter ceux où il se trouve de grandes capitales, telles que Rouen, Nantes, Bordeaux, Marseille, Toulon, dont les nombreuses populations et les moyens d'existence, prodigieusement variés, jetteraient trop d'incertitude dans les résultats.

Ensuite nous avons choisi, parmi ces mêmes départemens, ceux dont les arrondissemens maritimes forment au moins le tiers ou les trois et même les quatre cinquièmes de l'étendue, afin qu'il fût naturel de penser que l'expression générale de leur fécondité était fortement affectée par cette disposition des localités. Le résultat de ce travail nous a donné pour nombre moyen annuel des naissances, sur une assez grande étendue de côtes, 4.37 par mariage.

Ce rapport, sans être faible, n'est pas très-fort. Il est beaucoup plus élevé dans un grand nombre d'endroits de la France. On le trouve, dans le pays Messin (Moselle), de 4.64; dans l'Alsace (Haut-Rhin), de 4.79; dans le Bassigny (Haute-Marne), de 4.77; dans le Nivernais (Nièvre), de 4.79; dans la Franche-Comté (Jura), de 5.01; dans la Bourgogne (Ain), de 5.09; dans le Forez (Loire), de 5.68; et ces provinces sont situées dans l'intérieur des terres et loin des bords de la mer (1).

Enfin, pour mettre la vérité dans tout son jour, la dégager de toute erreur, nous avons écrit à plusieurs de MM. les préfets des départemens maritimes pour les prier de vouloir bien nous faire connaître, sur une suite de cinq années (1821-25), le nombre des mariages et des naissances des communes placées sur les côtes.

----

(1) *Voyez* le tableau de MM. Villot et Villermé.

Quelques-uns, entre autres ceux de la Manche, des Landes et du Pas-de-Calais, ont eu la complaisance de nous envoyer des tableaux fort bien faits, dont le dépouillement nous a donné pour résultat un nombre total de 69,770 naissances, produit de 16,747 mariages. Ce n'est que 4.16 enfans par année. La proportion n'est point aussi élevée qu'elle devrait l'être, d'après l'opinion reçue, et il est même des localités, comme dans une partie de la Normandie (Manche), où elle est encore moindre (3.93).

Maintenant ne pourrait-on pas raisonner de la sorte ?

Où la fécondité, dans les pays maritimes et par la seule influence de cette disposition locale, est très-énergique, et cependant, comme elle reste encore au-dessous de celle qu'on observe dans beaucoup de pays qui sont loin de la mer, cette influence est complètement nulle par rapport à eux.

Où la fécondité, sur les bords de la mer, n'est ni plus forte ni moindre que partout ailleurs, et alors la prétendue influence locale, non-seulement est nulle, mais même n'existe pas.

Dans les deux hypothèses, le fait admis jusqu'à présent est au moins fort douteux pour la France. Il est une dernière raison qui doit étendre ce doute aux autres pays de l'Europe, c'est la profonde misère dans laquelle est plongée en général la classe des pêcheurs, misère qui doit restreindre fortement chez eux le penchant d'un sexe vers l'autre et l'influence de la nourriture (1).

---

(1) Aussi nous n'avons point été surpris de lire dans le tome vi de son *Précis de la Géographie universelle*, que M. Malte-Brun vient de pu-

Si la nature particulière des alimens n'est point une condition indispensable pour exciter la fécondité, il n'en est pas de même de leur quantité plus ou moins grande. On voit toujours les naissances augmenter dans les années d'abondance et diminuer dans les temps de disette. Une observation bien remarquable à ce sujet, est celle que M. Fodéré a consignée dans son *Voyage aux Alpes maritimes* (1).

« Ici, le tableau des naissances, dit ce médecin dis-
» tingué, coïncide parfaitement avec le temps des tra-
» vaux champêtres et des récoltes. On y voit les con-
» ceptions se multiplier, lorsque le cultivateur ajoute
» à ses moyens de subsistance par la vente de son huile ;
» mais quand elle est vendue, quand déjà son produit
» en argent a disparu, et lorsqu'on est parvenu à cette
» saison, celle de l'été, où les grands travaux exige-
» raient précisément ce qui manque et ce que l'on ne
» peut plus se procurer, des alimens nourrissans et en
» abondance, alors nécessairement le penchant se tait,
» le rapprochement des sexes devient plus rare, et les
» naissances, dont l'origine appartient à cette saison,
» ont lieu, pour la plus grande partie, dans les villes
» de Nice et de Menton, où l'on travaille moins, et où
» la subsistance est presque toujours assurée (2). »

L'étude des faits anciens, l'observation des nouveaux, les écrits des publicistes, l'opinion des savans, tout

---

blier, que ce privilége qu'on attribue aux pays de côtes souffre de nombreuses exceptions. Il cite en preuve la Corse, la Sicile, la Sardaigne,
qui sont moins peuplées, dit-il, que le continent de l'Italie.

(1) T. ii, p. 208.

(2) *Voyage aux Alpes maritimes*, t. ii, p. 208.

semble donc se réunir pour placer la cause principale de l'énergie de la fécondité chez les peuples, dans l'abondance des subsistances, et pour reléguer dans les causes accessoires ou secondaires, le climat, la température, le site et les autres raisons que l'on en a données.

S'il en était autrement, en effet, quel autre pays verrait les hommes multiplier davantage que l'Orient, cette partie du monde qui en fut autrefois le berceau? Eh bien, dans l'Orient aujourd'hui, la population languit, accablée par la tyrannie qui l'opprime; tandis que sous un ciel aussi beau, mais sous un gouvernement paternel, la Chine peut contenir à peine les nombreux habitans qui couvrent ses champs féconds, et que dans un autre monde, au milieu d'un climat bien différent, les États-Unis doivent à leurs lois tutélaires de compter un mariage sur trente individus, et une naissance sur vingt (1); justifiant ainsi ce qu'avait annoncé le génie de Montesquieu, que les pays ne sont pas cultivés en raison de leur fertilité, mais en raison de leur liberté (2) : observation profonde qui donne à la condition principale de la fécondité, l'abondance des subsistances, tout son complément, comme à notre pensée, tout son développement.

Au reste, les états ne sont pas peuplés par les enfans qui y naissent, mais par ceux que l'on y conserve. Beaucoup de naissances peuvent n'attester souvent que beaucoup de morts, car il faut beaucoup produire là où la destruction est très-grande. Après la peste qui ravagea

______

(1) WARDEN, Discours préliminaire.
(2) *Esprit des Lois*, liv. 18, ch. 3.

la Prusse en 1710 , on observa que les naissances, qui n'étaient que de 26,000 année commune , dit Süssmilch, s'élevèrent à 32,000 l'année suivante , et c'est avec raison que M. Malthus a avancé que les décès règlent les naissances.

Malgré la fécondité brillante qui semble être l'heureux partage de quelques pays , le nombre de quatre personnes et demie par famille est un terme très-fort pour l'Europe ; ce qui montre qu'un peu plus de deux enfans seulement échappent , dans chaque ménage , aux nombreux dangers qui les menacent. La mort détruit partout les fruits trop abondans d'une production trop active , et sa faulx ramène tout à un égal niveau. L'Écosse en est un exemple frappant.

L'on sait que les femmes de ce pays partagent avec les Suédoises la réputation d'être extrêmement fécondes. Il est en Écosse plus d'un village où le terme moyen des naissances est de 5 , 6 et 7 par mariage. Nous avons eu la patience de relever les tables de population de dix-sept volumes sur vingt-un , que John Sinclair a publiés sur la statistique de cette partie de l'Angleterre , et dans ce pays si vanté pour la fécondité des unions , le rapport général des naissances aux mariages , pris sur dix années finissant en 1793 , n'atteignait même pas quatre et demi (4.3) (1) ; peut-être aujourd'hui est-il plus favorable.

---

(1) Il arrive bien rarement que l'on aille chercher des autorités dans un roman , et que l'on appelle la fiction en témoignage de la vérité ; cependant nous n'hésitons pas à citer ici Walter Scott à l'appui de ce que nous avançons. Cet écrivain , si parfaitement au fait de l'histoire d'Ecosse , dit dans un de ses romans : « Les fermiers de l'Ecosse sont au-

Nous voudrions posséder assez de renseignemens pour pouvoir indiquer quel est en Europe le terme moyen, au-dessus et au-dessous duquel le sein de la femme n'admet point une fécondité moindre ou plus grande. Les élémens nous manquent pour l'établir d'une manière certaine; seulement, d'après ceux que nous avons sous les yeux, il semble ne pas descendre au-dessous de 3.18 (France), ni s'élever au-dessus de 6.77 (Savoie); mais il faut toujours se rappeler que ce sont là les termes moyens d'un pays tout entier : car il est des localités où ce rapport descend beaucoup plus bas. A Paris, par exemple, il est à peine de 2.44, tandis qu'il va à 6 et 7 dans plusieurs villages d'Écosse.

D'après le tableau cité au commencement de ce Mémoire, le terme moyen annuel le plus haut des naissances est, pour la France, 5.68, et le plus bas, 3.18. Le premier se trouve dans le Forez (Loire); le second tombe dans cette partie de la Normandie qui forme le département du Calvados.

En général, dans les pays les plus favorisés il se soutient entre 4 et 5 ; dans ceux qui le sont moins, il reste entre 3 et 4.

Au reste, nous avons déjà dit que la fécondité variait

jourd'hui beaucoup plus policés et mieux élevés que ne l'étaient leurs pères. On ne retrouverait plus leurs mœurs grossières, leurs manières rustiques : tout a changé ou a été modifié par l'exemple de leurs voisins. Sans rien perdre de la bonté de leur caractère franc et loyal, ils cultivent à présent les arts dont leurs ancêtres n'avaient jamais entendu parler. Ils ont fait de grands progrès, non-seulement dans l'agriculture, mais dans tout ce qui concerne l'aisance et les commodités de la vie. Depuis trente ans, le luxe même s'est introduit au milieu de leurs rochers. »(Tom. II, ch. 11 de Gui Mannering.)

de pays à pays , de canton à canton, de village même à village. Vouloir expliquer toutes ces anomalies , en assigner toutes les causes , serait s'occuper d'un problème très-compliqué, très-difficile, peut-être même impossible à résoudre dans beaucoup de cas. Aussi ne présentons-nous ici que des résultats très-généraux ; mais nous n'en pensons pas moins qu'on doit regarder comme suffisamment appuyées par les faits, les propositions suivantes :

Que le sol, le climat, la température, les habitudes , etc., n'ont d'action directe , nous ne disons point sur la fécondité, mais sur l'intensité de la fécondité, que dans les cas particuliers où ces différentes causes acquièrent par une raison quelconque une influence fortement prononcée et toujours agissante ; comme il arrive, sous le rapport du sol , aux pays de plaines ou de montagnes , humides , marécageux , malsains , tels que la Hollande , les environs de Rochefort, la Sologne, etc. ; sous le rapport de la température , en Portugal et en Suède ; comme on pourrait l'observer encore , sous celui des institutions, dans des pays de religion différente, dont l'une prescrirait des abstinences, des jeûnes fréquens , et l'autre n'en ordonnerait aucuns.

Qu'hormis ces cas particuliers et dont l'influence est alors spéciale, dans tous les autres l'intensité de la fécondité paraît n'en plus reconnaître qu'une seule, l'abondance des subsistances ou un travail assuré ; car avoir du travail, c'est avoir de quoi vivre ; ce qui explique pourquoi , dans les pays manufacturiers où il y a sans cesse demande de bras, la population en général est nombreuse.

Aussi n'est-il point de principe d'économie politique sur lequel tous les auteurs soient plus d'accord que celui qui établit que la population des états se proportionne toujours à la force de leurs produits.

Que c'est en vertu de cette loi, qui souffre bien peu d'exceptions, qu'on n'observe point de naissances nombreuses chez un peuple pauvre ou opprimé, c'est-à-dire manquant d'agriculture, d'industrie ou de liberté.

Que bien loin de là, les populations esclaves s'affaiblissent au lieu de s'accroître. C'est un fait reconnu qu'à Saint-Domingue en 1788, trois mariages ne donnaient que deux enfans parmi les noirs, tandis que chaque union en donnait trois parmi les blancs (1).

Que ces modifications de la population, ainsi que celles des mariages et des décès, sont étroitement liées avec l'état de l'homme en société, et que, favorables ou contraires, selon qu'il jouit d'une existence plus ou moins heureuse et d'une liberté plus ou moins étendue, elles deviennent ainsi l'indice le plus sûr de la bonté des institutions qui le gouverne, ainsi que du degré de civilisation auquel il est arrivé.

Que ces considérations, qui montrent que les gouvernemens disposent à leur gré, dans un sens très-réel et très-positif, de la vie des hommes, et qu'il dépend d'eux d'en allonger ou d'en raccourcir la durée, prennent dès-lors un caractère très-élevé, comme elles reçoivent une nouvelle confirmation de l'exemple opposé des Orientaux, chez lesquels la population languit et décroît, et de celui des Américains, où elle a doublé en moins d'un quart de siècle. Mais il ne faut pas oublier qu'aux États-unis, un ouvrier gagne en un jour de quoi nourrir pour trois, lui, sa femme et ses enfans.

---

(1) PAGE, *Traité du Commerce des colonies*, p. 218.

Enfin, que dans les pays de côtes, les naissances peuvent être plus nombreuses que dans l'intérieur des terres ; qu'il peut en être de même successivement pour les pays de vignes, de pâtures, de blé, de forêts, comparés sous ce rapport les uns avec les autres, bien que le tableau de MM. Villot et Villermé soit peu favorable à ces assertions, puisque les rapports des départemens vignobles, tels que la Côte-d'Or, la Marne, l'Yonne, le Loiret, Saône-et-Loire, Loire-et-Cher, sont plus faibles que ceux des autres départemens qui ne sont ni maritimes ni pays de vignes (1) ; mais que, relatifs seulement aux lieux où on les observe, ces maximums partiels de fécondité n'en représentent point l'intensité d'une manière absolue ; qu'ils disparaissent quand on l'étudie de peuple à peuple, ou seulement sur des populations nombreuses.

Une dernière observation terminera cette Notice. « Il » ne faut pas, a écrit un homme d'état célèbre (Necker, *Administration des Finances*), qui s'occupait comme nous de questions dont la solution ne saurait être donnée avec une rigueur mathématique, « que la crainte » d'un défaut d'exactitude empêche de présenter un tra- » vail qui peut d'ailleurs être utile. »

Pour approcher de cette exactitude autant que possible, nous répétons que nos propositions sont établies sur de très-larges bases, sur de très-forts nombres.

Néanmoins, bien que chaque siècle, chaque écrivain, prétende avoir des renseignemens meilleurs que ceux

---

(1) Dans les Alpes-Basses, la Corrèze, le Tarn, Vaucluse, le Rhin-Haut, l'Isère, le Gard, Pyrénées-Hautes, etc.

qui l'ont précédé, et se flatte par cela même d'avoir mieux fait, on sent que tous les recensemens de population seront toujours sujets à beaucoup d'erreurs, quelque soin que l'on prenne pour les éviter. Il est probable que les opérations d'aujourd'hui n'en sont pas plus exemptes que celles d'autrefois. Mais en agissant sur de grands nombres, et sur plusieurs années, les erreurs s'effacent, et il est possible d'avoir quelque confiance dans les résultats que l'on obtient. Sans cela, il faudrait abandonner toutes les recherches, cesser tout travail, et désespérer de ses efforts et de la science.

FIN.